AF381061

Das kleine Karma-Buch

Was ist Karma?

Jens Erdmann

KARMA

Ein kleines Buch

zu einer großen Frage:

Was ist Karma?

„Die Art, wie Menschen Dich behandeln ist ihr Karma, wie Du reagierst, ist Deins."

Wayne W. Dyer (1940 – 2015) US-amerikanischer Psychologe

Impressum

Bibliografische Information der Deutschen Nationalbibliothek:
Die Deutsche Nationalbibliothek verzeichnet diese Publikation in
der Deutschen Nationalbibliografie; detaillierte bibliografische
Daten sind im Internet über http://dnb.dnb.de abrufbar.

Autor: Jens Erdmann

Korrektor: Gerhard Keppler

Kontakt: www.Dein-Karma.de   post@dein-karma.de

Herstellung und Verlag:

BoD – Books on Demand, Norderstedt

ISBN: 9783756230396

Quellennachweis: Zu zwei Kurzgeschichten („*Das Gesetz vom
Karma*" und „*Ausgleichend Gerechtigkeit*") von Ajahn Brahm, mit
der freundlichen Genehmigung, der Penguin Random House
Verlagsgruppe, aus seinem Buch „Die Kuh, die weinte"

Hinweis: Die in diesem Buch enthaltenen Informationen dienen
ausschließlich zur Information und dürfen unter keinen Umständen,
bei bestehenden Erkrankungen, als Ersatz für eine professionelle
Beratung oder Behandlung durch anerkannte Ärzte angesehen
werden. Diese Informationen spiegeln lediglich die Meinung des
Autors wieder. Der Autor übernimmt für die Art oder Richtigkeit der
Inhalte keine Garantie, weder ausdrücklich noch impliziert. Sollten
Inhalte des Buches gegen geltendes Recht gegen geltendes Recht
verstoßen, dann bittet der Autor um umgehende Benachrichtigung.
Die betreffenden Inhalte werden dann umgehend entfernt oder
geändert.

Inhaltsverzeichnis

WAS IST KARMA?   9-30

VI

VI

Karma

Schön, dass du das kleine Karma Buch in deinen Händen hältst. Ich möchte versuchen, dir auf nur 30 Seiten zu erklären, wie Karma funktioniert.

Karma ist ein sehr häufig genutztes Wort. Oft verstehen wir in der westlichen Welt es als eine Art Strafe oder Rache, eine unsichtbare Kraft des Lebens oder des Universums, für etwas Schlechtes oder Böses, das wir oder andere getan haben.

Wenn wir über Karma reden, geht es oft nur um etwas Negatives, was passiert ist oder passieren soll.

Wie oft haben wir schon solche oder ähnliche Sätze gehört. „Der wird seine gerechte Strafe und sein Karma schon bekommen."

Aber was ist Karma wirklich und wie funktioniert es, kann man es beeinflussen, steuern oder sogar austricksen?

In den indischen Religionen ist die Lehre des Karma eng mit dem Glauben an Samsara, dem Kreislauf des Lebens verbunden und damit an die Gültigkeit des Ursache-Wirkungs-Prinzips. Auf geistiger Ebene auch über mehrere Lebensspannen hinweg.

Im Hinduismus, Buddhismus und Jainismus bezeichnet der Begriff die Folge jeder Tat, die Wirkungen von Handlungen und Gedanken in jeder Hinsicht, insbesondere die Rückwirkungen auf den Akteur selbst.

Karma entsteht demnach durch eine Gesetzmäßigkeit und nicht wegen einer Beurteilung durch einen Weltenrichter oder Gott:
Es geht nicht um „Göttliche Gnade" oder „Strafe".

Karma und Wiedergeburt sind in
verschiedenen Lehren unterschiedlich
miteinander verknüpft. Entgegen einer weit
verbreiteten Meinung ist es nicht das Ziel
all dieser Lehren, kein Karma zu sammeln.

Maharishi Mahesh ein indischer Guru,
Autor von Büchern über vedische
Philosophie und Begründer der
Transzendentalen Meditation, sagte über
Karma,

Zitat:

"Probleme oder Erfolge, alle sind
Ergebnisse unserer eigenen Handlungen.
Das ist Karma.
Die Handlungsphilosophie bedeutet, dass
niemand Frieden oder Glück gibt. Das
Karma selbst, die Handlungen selbst sind
dafür verantwortlich, Glück, Erfolg oder
was auch immer zu bringen."

Also hängt es davon ab, wie wir unser Leben führen und gestalten, was in unserer Zukunft passiert.

Karma ist also die Folge von unseren Handlungen, jede Ursache hat ihre Wirkung.

Also gibt es kein Glück oder Pech, sondern lediglich die Folgen von Handlungen. Einige zeigen sich unmittelbar und andere zeigen sich erst nach langer Zeit.

Karma ist also keine unsichtbare universelle oder kosmische Bestrafung. Es ist vielmehr eine neutrale Abfolge von Handlungen, Ergebnissen und Konsequenzen.

Unsere Handlungen, also selbst gesetzte Ursachen, bilden so eine Kette positiver oder negativer Wirkungen, die Konsequenzen für unser zukünftiges Leben hervorbringen.

Also, wenn wir Karma so verstehen, können zukünftige Wirkungen auf unser Leben, durch vorab gesetzte Ursachen positiv oder negativ beeinflusst werden.

Es steht also fest, dass jeder Mensch selbst für seine „Bestrafung" oder „Belohnung" verantwortlich ist.

Wenn man sich falsch verhält, kann man nicht davon ausgehen, dass etwas Positives entsteht. Und im Umkehrschluss, wer Gutes tut, dem widerfährt Gutes.

Ajahn Brahm, ein buddhistischer Mönch und Bestseller-Autor buddhistischer Literatur hat das Karma in einer Kurzgeschichte in seinem Buch „Die Kuh, die weinte" mit dem Kuchenbacken von zwei Frauen mit unterschiedlichen Möglichkeiten und unterschiedlicher Ausstattung verglichen. Aus meiner Sicht und meinem Verständnis von dem, was man unter Karma versteht, hätte man es nicht trefflicher erklären können.

Er erzählt die Geschichte von zwei Frauen
die Kuchen backen, die erste Frau hat
klägliche Zutaten, als Obst stehen ihr nur
uralte, steinharte Rosinen zur Verfügung.
Ihre gesamte Küchenausrüstung stammt
aus uralten Zeiten.

Die zweite Frau verfügt über die feinsten
Zutaten. Bio-Vollkornmehl, bester
Rohrzucker und sie kann sich jede Menge
frischer Früchte aus ihrem Garten holen.
Natürlich arbeitet sie auch in einer hoch
modernen Küche, die mit den neuesten
und besten Geräten ausgerüstet ist.

Nach der Beschreibung stellt er dem Leser
folgende Frage:
„Welche der beiden Frauen backt also den
besseren Kuchen?"

Und genau hier beginnt die Antwort auf die
Frage. Was ist Karma?

Buddha sagte, wer hinter Karma
irgendetwas, eine Kraft, einen Geist sucht
wird nichts finden.

Karma als Wirkung selbst gelegter
Ursachen, genau so sehe und verstehe ich
es. Mit anderen Worten, was Du säst, wirst
Du ernten, wer Tomaten pflanzt wird sie
ernten, wer Birnenbäume pflanzt, kann sich
an Birnen erfreuen. Wer fleißig, beharrlich
und rechtschaffend an seinem gesetzten
Ziel arbeitet, wird es erreichen. Wer nichts
tut, erreicht nichts.

Wer Disteln sät, kann keine Birnen ernten,
besagt ein altes buddhistisches Sprichwort.

Brahm schreibt weiter in seiner Geschichte,
dass die Frau mit den besten Zutaten nicht
zwangsläufig den besten Kuchen backt –
schließlich geht es beim Backen um mehr
als nur Zutaten.

Brahm Zitat: „Manchmal steckt der Mensch
mit den kläglichsten Zutaten so viel Mühe,

Liebe und Sorge in den Backvorgang, dass sich sein Kuchen als der leckerste erweist. Nur eins zählt wirklich: Wie wir mit den Zutaten umgehen."

Wenn man also den „Backvorgang" als unseren Umgang mit unserer Zeit und der Arbeit an unserem Leben und die Zutaten durch unsere spezifischen Möglichkeiten ersetzt, versteht man, was er meint.

Es gibt Menschen denen wurden von Geburt an, schreckliche Zutaten für die Arbeit an Ihrem Leben „Kuchen" mitgegeben. Sie wurden in eine arme Familie geboren, als Kinder misshandelt, waren nicht gut in der Schule, behindert und nicht in der Lage, Sport zu treiben. Doch die wenigen Eigenschaften, über die sie verfügten, setzten sie so großartig ein, dass ein wundervoller „Kuchen" bzw. ein wundervolles Leben herauskam.

Oder sie pflanzten den einen Samen, der Ihnen zur Verfügung stand, sehr bedacht

und klug geplant, kümmerten sich mit
Achtsamkeit, liebevoll und nutzten alle
Möglichkeiten, sowie die Zeit zur Pflege
und konnten sich so an einem riesigen
Birnenbaum und hervorragenden süßen
Früchten erfreuen.

Es gibt aber auch Menschen, die mit den
besten Zutaten für die Arbeit an ihrem
Leben „Kuchen" auf die Welt gekommen
sind. Sie wurden in wohlhabenden und
liebvollen Familien geboren. Hatten die
besten Schulzeugnisse, bekamen immer
alle Unterstützung durch die Möglichkeiten
„Zutaten" ihrer Familien. Sie waren große
Sportler, sahen gut aus, waren beliebt und
dennoch vergeudeten sie ihr Leben mit
Drogen, Alkohol oder nutzten ihre Zeit nur
für sinnlose unfruchtbare Beschäftigungen.

Die Hälfte des Karmas besteht aus den
„Zutaten", Möglichkeiten mit denen wir an
unserem Leben arbeiten oder wie Brahm es
sagt, den „Kuchen backen".

Die andere Hälfte, die wichtigere, besteht aus dem, was wir aus unserem Leben „Kuchen" durch die Möglichkeiten „Zutaten" machen. Wie wir die Zutaten behandeln, sie nutzen und pflegen.

Wenn du nicht weißt, was du machen sollst, schau welche Möglichkeiten du hast, auch wenn sie dir noch so klein erscheinen. Sie beginnen zu wachsen, wenn du beginnst sie zu durchdenken und zu leben.

Wenn du eine, zwei oder mehr Möglichkeiten „Zutaten" für Deinen „Kuchen" hast, wähle die, die du dir in deiner Phantasie am größten vorstellen kannst. Glaube fest an dich, deine Zutaten und sieh in deinen Gedanken den fertigen Kuchen und die zufriedenen Freunde, mit denen du ihn teilst. So werden aus deinen Gedanken Taten und deine Realität.

Ein bekannter deutscher Unternehmer berichtete mir in einem Gespräch von seinem Lebensmotto: „Können kommt von wollen." Und so nutzte er seine Möglichkeiten und wurde zu einem der erfolgreichsten deutschen Großhändler.

Mahatma Gandhi, sagte Zitat;" Sei du die Veränderung, die du in der Welt sehen möchtest."

Wenn Du nichts tust passiert auch nichts.

Ein großer deutscher Schauspieler und Vater von einem Freund, sagte immer zu ihm;
„Was Du nicht machst, passiert nicht." Und er wurde wie sein Vater einer der bekanntesten deutschen Schauspieler.

Ich habe meinem Sohn, als er zehn Jahre wurde, in seinem Zimmer an die Wand geschrieben: „Alles, was Du wirklich willst, kannst Du auch erreichen."

Das Handeln und Tun ist es also, was die Ursache für unser Karma ist. Man könnte

Karma also auch als Ergebnis und Wirkung bezeichnen.

Karma bezeichnet so ein spirituelles Konzept, nach dem jede Handlung – physisch wie geistig – unweigerlich eine Folge hat.

Also, alles was Du tust, wird real, was du denkst wird passieren, wenn Du es tust.

Mal anders betrachtet, wenn Du am Abend zu lange feierst, zu viel trinkst und wenig schläfst, dann bist Du am nächsten Tag übermüdet, hast einen Kater und Dir geht's nicht gut. Ursache: zu wenig Schlaf, zu viel Alkohol – Wirkung (Karma): Unwohlsein.
So etwas nenne ich „Kurzeit – Karma".

Ein sehr wirkungsvolles Experiment für positives „Kurzeit – Karma" kann man jeden Tag auf der Straße, im Auto, in der Bahn, beim Spazieren- gehen selbst schnell testen. Lächle freundlich einen Menschen an, den Du nicht kennst, er wird zu 99

Prozent das zurückgeben, was er empfangen hat: Ein Lächeln.

Aber auch negativ funktioniert Karma. Eine nicht eingehaltene Zusage, ein gebrochenes Versprechen sind die Ursachen für die Wirkung „Enttäuschung", auch das daraus möglicherweise selbst empfundene Schuldgefühl ist ein Karma, die Wirkung für die Ursache, sich nicht an sein Versprechen gehalten zu haben.

Wenn es „Kurzzeit-Karma" gibt, wie ich es nenne, wie funktioniert dann „Langzeit-Karma"?

Auch hier möchte ich eine Geschichte von Ajahn Brahm zitieren. Er nennt Sie: „Ausgleichende Gerechtigkeit."

Wenn wir deprimiert sind, denken wir oft: »Das ist nicht gerecht. Warum ausgerechnet ich?« Alles wäre ein Stückchen leichter, wenn das Leben gerechter wäre.

Ein Mann mittleren Alters, der seinen Meditations-unterricht im Gefängnis besuchte, bat Ihn nach der Stunde um eine Unterredung. Er hatte schon mehrere Monate teilgenommen und in dieser Zeit hat Brahm ihn recht gut kennen gelernt. »Brahm, ich muss Ihnen etwas sagen«, begann er, »ich will Ihnen mitteilen, dass ich das Verbrechen nicht begangen habe, für das ich hier einsitze. Ich bin unschuldig. Ich weiß, dass viele Häftlinge das Gleiche beteuern und dabei lügen, aber ich sage Ihnen die Wahrheit. Sie, Brahm, würde ich nicht anschwindeln.«

Ajahn Brahm glaubte ihm. Die Umstände und sein Verhalten überzeugten ihn, dass er die Wahrheit sprach. Er dachte darüber nach, wie ungerecht es war, dass der Häftling für eine Tat, die er nicht begangen hatte, eingesperrt worden war und überlegte schon, wie er diese fürchterliche Ungerechtigkeit in Ordnung bringen könnte.

Doch da unterbrach der Häftling seine Gedanken und fuhr mit schelmischem Grinsen fort: »Allerdings habe ich früher einen Haufen anderer krimineller Handlungen begangen, bei denen ich nicht erwischt worden bin. Also, Brahm, vermutlich ist es doch ganz gerecht, dass ich hier gelandet bin.«

Da musste Brahm herzlich lachen. Der alte Gauner hatte das Gesetz vom Karma begriffen, und zwar besser als manche Mönche, die Brahm kannte.

Wie oft geschieht es, dass wir schändlich handeln, verletzend und boshaft, und dafür nicht bestraft werden? Sagen wir dann: »Das ist nicht gerecht! Warum hat man mich nicht erwischt?«

Aber wenn uns aus keinem ersichtlichen Grund Leid zugefügt wird, stöhnen wir: »Das ist nicht gerecht. Warum ausgerechnet ich?« Vielleicht ist es ja doch

gerecht. Wie der Gefangene in der Geschichte von Ajahn Brahm haben wir uns vielleicht auch vieler anderer Schandtaten schuldig gemacht, die ungesühnt geblieben sind.
Und dann wäre das Leben doch gerecht.

Ein Bespiel für Karma im Bereich gesund Leben ist auch unsere bewusste Ernährung, die Achtsamkeit auf die Zukunft unserer Gesundheit.

Wer sich ungesund ernährt, setzt die mögliche Ursache für die spätere Wirkung körperlicher Krankheiten.

Oder wer viel grübelt, mit seinen Gedanken ständig der Vergangenheit nachhängt, sich ständig Sorgen um die Zukunft macht, setzt die Ursache für die spätere Wirkung einer möglichen seelisch geistigen Krankheit, wie zum Beispiel einer Angsterkrankung.

Ein kleines Beispiel als Handlungstipp – das Echo

Wie man in den Wald hinein ruft, so schallt es zurück. Wie oft haben wir das schon gehört.

Aber schauen wir es noch einmal an.

Wenn Du:

"Du bist ein böser Mensch"

in den Wald rufst, was passiert dann? Man hört das Echo der Worte.

Wenn Du das, was als Echo zu dir zurückkommt nicht magst, dann solltest du etwas anderes sagen.

 Zum Beispiel:

 "Du bist ein guter Mensch."

Nun hörst du:

"Du bist ein guter Mensch."

Das Universum, deine Umgebung, dein Handlungsumfeld ist auch wie der Wald. Alles kommt zurück, was du sagst, was du tust.

Also:

- Sage das, was du gerne hören möchtest.
- Gib, was du erhalten möchtest.

Das ist das Prinzip von Karma. Karma ist immer erst ein Gedanke, dann eine Aktion und somit eine gesetzte Ursache.

Das Echo ist die Reaktion, oder auch die selbst erzeugte Wirkung. Es ist wie mit einer Pflanze, wenn du eine Rose pflanzt, wirst Du Dich an ihr erfreuen. Wenn Du einen Zitronenbaum pflanzt kannst Du keine Mandarinen ernten. So sind die „Früchte" Wirkungen, positiv oder negativ jeder vorherigen Handlung unvermeidbar und kommen auf Dich zurück.

Was Du als Karma bezeichnest, ist deine selbstverantwortlich geschaffene Wirklichkeit.

So, ich höre jetzt auf, weil ich glaube, es ist alles gesagt.

<u>Sei achtsam, achte darauf:</u>
Was Du denkst.
Was Du aussprichst.
Was Du tust.
Was Du isst und trinkst.

Zusammenfassung:

Es steht also fest, dass jeder Mensch selbst für seine „Bestrafung" oder „Belohnung", sein Karma verantwortlich ist.

Wenn Du Dich falsch verhältst oder falsch handelst, kannst Du nicht davon ausgehen,

dass etwas Positives entsteht und Dir Gutes
widerfährt.

Durch dein Denken und dein Tun entsteht
zwangsläufig ein Verhaltensmuster,
welches dein Leben bestimmt. Es
funktioniert solange,
wie du es zulässt, positiv wie negativ.

Nur du kannst es durch dein Denken und
dein Handeln neu gestalten.

Es ist wie ein Computerprogramm, einmal
installiert und es läuft.
Oder wie eine alte Dampflokomotive,
wenn sie läuft, dann läuft sie.
Die Richtung bestimmt dein Denken und
dein daraus resultierendes Handeln.

Buddha sagte;
„Jedes Leiden ist selbst verursacht.
Jedes Glück aber auch."

Also, wir sehen, unser Karma ist letztlich
auch selbst verursacht und damit ist es
planbar!

Was also kann man tun,
damit einem Gutes widerfährt?
Gutes tun!

Denke Gutes und es geht dir gut.
Denn eins steht wissenschaftlich bewiesen
fundamental fest:

**Unser Verstand kann nur einem Gedanken
folgen und du bist der Verursacher, Deines
Denkens
und somit Deines Schicksals.**

Ich wünsche dir alles Gute,
Gesundheit, gute Gedanken, gute Ideen
Glück und Liebe

Danke für Dein Interesse und Deine Zeit
Jens

„Du siehst die Welt nicht so wie sie ist, du
siehst die Welt so wie du bist.“
Mooji

...